Anne Wilson

Englische Dessert-kuchen

KÖNEMANN

Pudding – ein unwiderstehlicher Genuß

Dessertkuchen – oder, wie er im englischsprachigen Raum heißt, Pudding – ist ein Genuß, der hierzulande noch wenig Würdigung erfährt. Dabei ist er erstaunlich einfach zuzubereiten, wie Sie sich selbst überzeugen können.

Pudding bedeutet eine Rückkehr in die Welt der Kindheit, in der man keinen Gedanken an eine Diät verschwendet hat. Jeder hat doch hin und wieder eine süße Belohnung verdient, und ein Dampfpudding, wie die englischsprachige Welt ihn seit jeher kennt und liebt, ist unbedingt eine kleine Sünde wert.

Wie die meisten Traditionsgerichte brauchen einige der hier zusammengestellten Rezepte ein wenig mehr Zubereitungs- und Garzeit – aber die Ergebnisse rechtfertigen die Mühe.

Die Rezepte in diesem Buch werden in unterschiedlichen Gefäßen zubereitet, in Kuchenformen, feuerfesten Auflaufformen und natürlich in Puddingschüsseln. Die Kuchenformen werden ganz so gehandhabt, wie Sie es gewohnt sind. Feuerfeste Auflaufformen können aus Glas, Keramik oder Metall bestehen, solange Sie ein Gefäß benutzen, das die im Rezept angegebene Füll-

menge faßt. Um das herauszufinden, stellen Sie die Form auf eine ebene Fläche und füllen sie bis zum Rand mit einer abgemessenen Menge Wasser.

Formen, die sich für Dampfpudding eignen (aus Keramik, Aluminium oder Glas), sind in Haushaltsgeschäften oder den Fachabteilungen der Kaufhäuser erhältlich. Dampfpuddingformen aus Aluminium haben einen Deckel, der

Aluminium- und Keramik-Puddingschüsseln.

die Form fest verschließt, sind aber bei uns nicht überall zu bekommen. Formen aus Keramik und Glas müssen wie angegeben abgedeckt werden.

Es empfiehlt sich, die Innenseite einer Puddingform einzufetten,

wie Sie es auch bei einer Kuchenform tun, damit der Pudding nicht kleben bleibt, wenn Sie ihn aus der Form stürzen wollen. Für einige Rezepte ist es ratsam, den Boden der Form mit Backpapier auszulegen. Der Boden einer

Boden mit Backpapier auslegen.

Puddingform ist zwar sehr klein, aber so vermeiden Sie unnötige Kleckerei.

Dann bereiten Sie die Abdeckung vor. Dazu fetten Sie ein großes Stück Alufolie mit zerlassener Butter oder Öl ein und legen ein Stück Backpapier auf die eingefettete Seite der Folie. Das Fett hält die beiden Lagen zusammen. In der Mitte falten, dadurch kann sich der Deckel ausweiten, wenn der Dampfpudding gart und aufgeht.

Wenn Sie die Puddingmischung in die Form gegeben haben, decken Sie sie mit der Alufolie und dem Back-

Gefaltete Folie und Papier über die Schüssel legen.

papier ab, und zwar mit der Folienseite nach oben. Falls Sie eine Puddingschüssel aus Aluminium verwenden, schließen Sie einfach deren Deckel. Bei einer Schüssel aus Keramik oder Glas legen Sie ein sauberes, gefaltetes Geschirrtuch über die Folie und befestigen es mit einem Bindfaden. Gut verknoten. Die Enden des Geschirr-

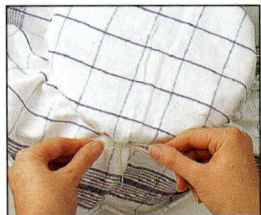

Geschirrtuch gut befestigen.

tuches verknoten Sie miteinander – mit dieser Griffschlaufe können Sie die Schüssel in den Kochtopf stellen.

Enden des Geschirrtuches verknoten.

Dann stellen Sie einen Dreifuß (einen kleinen, feuerfesten Untersatz) oder eine umgedrehte Untertasse auf den Boden eines großen Topfes. Die Form auf den Dreifuß stellen und den Topf vorsichtig mit heißem Wasser füllen, so daß sie zur Hälfte im Wasser steht. Achten Sie darauf, daß kein Was-

Kochendes Wasser in den Topf gießen.

ser versehentlich in die Form spritzt. Den Topf auf die Herdplatte stellen und den Pudding wie angegeben dämpfen. Vergessen Sie nicht, gelegentlich in den Topf zu sehen, denn das Wasser könnte verdampfen. Füllen Sie den Topf regelmäßig

mit *kochendem* Wasser auf, damit die Garzeit eingehalten werden kann.

Nehmen Sie die Puddingschüssel nach Ab-

Pudding mit einem Stäbchen testen.

lauf der angegebenen Garzeit aus dem Topf und entfernen Sie sämtliche Abdeckungen. Stecken Sie ein Stäbchen in die Mitte des Puddings – wenn es sauber bleibt, ist der Pudding gar. Bedenken Sie, daß gedämpfter Pudding immer ein wenig feucht sein sollte, also nicht zu lange kochen. Wenn der Dampfpudding weitere Garzeit benötigt, erneut abdecken (dazu Alufolie und Backpapier erneut verwenden, auch wenn sie schon etwas verbraucht aussehen) und ein wenig länger köcheln lassen. Wenn der Pudding gar ist, sämtliche Abdeckungen entfernen und ca. 5 Minuten ruhen lassen. Den Pudding auf eine Kuchenplatte stürzen und in Stücke geschnitten servieren.

Süßer Dampfpudding

Lust auf einen köstlichen süßen heißen Dampfpudding? Oder darf es lieber etwas Leichtes und
Fruchtiges sein? Sie haben die Wahl.

Karamel-Kokos-Pudding

Vorbereitungszeit:
  35 Min.
Garzeit:
  1 Std.
Für 6–8 Personen

140 g brauner
  Zucker
60 ml Sahne
60 g Butter,
  zerlassen
135 g Macadamianüsse,
  gehackt
30 g Kokosraspel
90 g Butter
125 g feiner Zucker
2 Eier, leicht verquirlt
5 Tropfen Vanillearoma
125 g Mehl
1 TL Backpulver
80 ml Milch

1 Den Backofen auf
180 °C vorheizen. Eine
tiefe, runde, feuerfeste
Auflaufform (Durch-
messer 20 cm) leicht
mit zerlassener Butter
oder Öl einfetten. Den
Boden mit Backpapier
auslegen. Braunen
Zucker, Sahne und zer-
lassene Butter vermen-
gen und die Mischung
in die Form geben.
Nüsse und Kokosraspel
auf einem Backblech
3–5 Minuten rösten, bis
sie goldbraun sind;
mehrmals rühren. Die
Nüsse und Kokosraspel
über die Mischung in
der Auflaufform streu-
en.
2 Butter und Zucker
cremig schlagen. Nach
und nach Eier und
Vanillearoma zugeben,
nach jeder Zugabe gut
verrühren. Das mit
Backpulver vermischte
Mehl abwechselnd mit
der Milch unterrühren.
Unter die Mischung in
der Form ziehen.
3 45–50 Minuten
backen, bis der Teig
nicht mehr an einem
hineingestochenen
Stäbchen kleben bleibt.
Anschließend stürzen
und servieren.

Karamel-Kokos-Pudding

Süßer Schokoladen-Espresso-Pudding

Zubereitungszeit:
30 Min.
Garzeit:
1 Std.
Für 8–10 Personen

125 g Butter
180 g brauner
Zucker
125 g feiner
Zucker
3 Eier
1 1/2 EL Instant-
Kaffeepulver
250 g Mehl
60 g Kakaopulver
1 TL Natron
125 g saure Sahne

Kaffee-Sahne-Sauce
60 g feiner Zucker
100 g brauner
Zucker
250 ml Sahne
1 1/2 EL Instant-
Kaffeepulver
2 EL Tia Maria,
je nach Geschmack
Crème double, zum
Garnieren

1 Den Backofen auf 180 °C vorheizen. Eine Springform (Durchmesser 25 cm) leicht mit Öl oder zerlassener Butter einfetten und den Boden mit Backpapier auslegen.

2 Die Butter und die beiden Zuckersorten mit dem Handrührgerät cremig schlagen. Die Eier einzeln zugeben, nach jedem Ei gut verrühren. Das Kaffeepulver in 170 ml heißem Wasser auflösen. Anschließend den Kaffee abwechselnd mit gesiebtem Mehl, Kakao und Natron behutsam mit einem Metallöffel unterrühren. Die saure Sahne hinzugeben. Alle Zutaten gut vermischen.

3 Die Mischung vorsichtig in die vorbereitete Form geben und die Oberfläche glätten. 55 Minuten backen, bis ein in die Mitte des Teiges gestecktes Stäbchen sauber wieder herausgezogen werden kann. Wenn der Pudding zu braun wird, decken Sie ihn nach 30 Minuten Backzeit mit Alufolie ab. Während der Pudding backt, bereiten Sie die Sauce zu.

4 **Für die Kaffee-Sahne-Sauce:** Zucker, braunen Zucker, Sahne und Kaffeepulver in einen kleinen Topf geben und gut vermengen. Bei mittlerer Temperatur unter Rühren erhitzen. Nicht zum Kochen bringen, bis sich der Zucker völlig aufgelöst hat. Zum Kochen bringen und bei geringer Hitze ohne Deckel ca. 3 Minuten köcheln lassen, bis die Mischung leicht eindickt. Falls Sie Tia Maria verwenden wollen, den Likör in die Mischung rühren.

5 Den Pudding aus dem Backofen nehmen und die Oberfläche noch in heißem Zustand mit ein wenig Kaffee-Sahne-Sauce bestreichen. Den Pudding vor dem Auslösen aus der Form leicht abkühlen lassen. Anschließend den Pudding auf einem Kuchenteller oder einer Tortenplatte anrichten und nochmals mit etwas Sauce bestreichen. In Stücke schneiden und noch heiß mit der restlichen Kaffee-Sahne-Sauce übergießen. Nach Wunsch mit Crème double servieren.

TIP
Stecken Sie das Garteststäbchen möglichst nicht in einen Riß, weil dort allzu leicht Krümel hängenbleiben können. Wählen Sie einen Punkt auf der glatten Oberfläche.

Süßer Schokoladen-Espresso-Pudding

Feigen-Ingwer-Pudding

Zubereitungszeit:
  30 Min.
Ruhezeit:
  30 Min.
Garzeit:
  50 Min.
Für 8 Personen

230 g getrocknete
  Feigen,
  feingehackt
125 ml grüner
  Ingwerwein
1 TL Natron
60 g Butter
180 g feiner
  Zucker
2 Eier
125 g Mehl
1 TL Backpulver
2 TL Ingwer,
  gemahlen
30 g Walnüsse,
  gehackt

50 g *Walnüsse, halbiert,
  zur Dekoration*

1 Backofen auf 180 °C vorheizen. Eine Springform (Durchmesser 20 cm) mit zerlassener Butter oder Öl leicht einfetten und den Boden mit Backpapier auslegen.
2 Die Feigen, den Wein und 125 ml Wasser in einer Schüssel vermengen, abdecken und alles 30 Minuten ziehen lassen. Die Feigenmischung in einen kleinen Topf geben und zum Kochen bringen. Natron unterrühren (die Mischung schäumt auf). Vom Herd nehmen und 5 Minuten beiseite stellen.
3 Butter und Zucker mit dem Handrührgerät cremig schlagen. Mit einem Metalllöffel gesiebtes Mehl und Ingwer abwechselnd mit der Feigenmischung unter-

rühren; gehackte Walnüsse zugeben.
4 Mischung in die vorbereitete Form geben. Halbe Walnüsse auf den Puddingrand setzen; Mitte aussparen, damit der Pudding nicht einsinkt. 50 Minuten backen, bis der Teig nicht mehr an einem hineingestochenen Stäbchen kleben bleibt. Pudding 5 Minuten stehen lassen, dann zum Kühlen auf einen Rost stürzen. Auf einem Kuchenteller oder einer Tortenplatte anrichten und mit Puderzucker bestäuben. Heiß mit Sahne servieren.

Hinweis: Den Backofen während des Backens möglichst nicht öffnen. Dieser Pudding ist sehr temperaturempfindlich und könnte in der Mitte einsinken.

Feigen-Ingwer-Pudding

1 *Boden einer Springform (Durchmesser 20 cm) mit Backpapier auslegen.*

2 *Natron einrühren; die Mischung schäumt auf.*

3 Eier einzeln zugeben, nach jedem Ei gut verrühren.

4 Den Puddingrand mit Walnußhälften garnieren.

Süßer Passionsfrucht-Beeren-Pudding

Zubereitungszeit:
30 Min.
Garzeit:
1 Std.
Für 8 Personen

50 g Mandeln,
 gemahlen
2 EL feiner Zucker
400 g frische Brombeeren,
 Boysenbeeren oder
 Himbeeren
 (s. Hinweis)
180 g Butter
160 g feiner Zucker,
 zusätzlich
3 Eier
180 g Mehl
1 gestrichener TL
 Backpulver
100 g Mandeln,
 gemahlen,
 zusätzlich
125 ml Milch

Passionsfruchtsauce
180 g frisches
 Passionsfruchtfleisch
 (s. Hinweis)
125 ml Wasser
90 g Zucker
180 ml Sahne

1 Den Backofen auf
180 °C vorheizen. Eine
Springform (Durchmesser 23 cm) mit zerlassener Butter oder Öl leicht
einfetten und den Boden
der Form mit Backpapier
auslegen. Die gemahlenen Mandeln mit Zucker
vermengen und die Mischung gleichmäßig auf
dem Boden der vorbereiteten Form verteilen.
Die Beeren über die
Mandelmischung streuen.

2 Die Butter und den
zusätzlichen Zucker mit
dem Handrührgerät cremig schlagen. Eier einzeln zugeben und die
Mischung nach jeder
Eizugabe gut verrühren.
Das mit Backpulver vermischte Mehl und die
zusätzlichen gemahlenen
Mandeln abwechselnd
mit der Milch
unterrühren.

3 Die Mischung mit
einem Löffel vorsichtig
auf der Mandelmischung
und den Beeren verteilen. Die Oberfläche mit
der Rückseite eines Löffels glätten. 50 Minuten
backen, bis der Teig
nicht mehr an einem in
die Mitte gestochenen
Stäbchen kleben bleibt.
Lassen Sie den Pudding
mindestens 5 Minuten
stehen, bevor Sie ihn
zum Abkühlen auf einen
Rost stürzen. Den Pudding auf einem Kuchenteller oder einer Tortenplatte anrichten.

4 **Für die Passionsfruchtsauce:** Das Passionsfruchtfleisch, Wasser
und Zucker in einem
Topf vermengen und bei
mittlerer Hitze verrühren, bis der Zucker
sich vollständig aufgelöst
hat. Zum Kochen bringen. Die Hitze herunterschalten und auf mittlerer Stufe ohne Deckel
2–3 Minuten köcheln
lassen, bis die Mischung
eindickt. Ca. 60 ml der
Passionsfruchtmischung
abnehmen, um den Pudding damit später zu glasieren. Die Sahne zum
verbleibenden Sirup in
den Topf geben und zum
Kochen bringen. Vom
Herd nehmen und in
einen feuerfesten Krug
geben.

5 Den Pudding mit den
entnommenen 60 ml
Sirup bestreichen, solange er noch heiß ist. Heiß
oder bei Zimmertemperatur servieren. Dazu
heiße Passionsfruchtsauce reichen.

Hinweis: Für diesen
Pudding sollten nur frische Beeren verwendet
werden. Sie können die
hier vorgeschlagenen
Mengen verwenden oder
nach Geschmack selbst
kombinieren.
Für 180 g Fruchtfleisch
brauchen Sie ca. 10
große frische Passionsfrüchte, um die Sauce
zuzubereiten.

Süßer Passionsfrucht-Beeren-Pudding

Bananen-Pudding mit Passionsfruchtcreme

Zubereitungszeit:
  20 Min.
Garzeit:
  2 Std. 20 Min.
Für 6 Personen

125 g Butter
125 g feiner Zucker
5 Tropfen Vanillearoma
2 Eier
150 g Mehl
1 TL Backpulver
1/2 TL Natron
240 g Banane (ca.
  3 Stück), zerdrückt

Passionsfruchtcreme
250 g Mascarpone
60 g frisches Passionsfruchtfleisch (ca.
  4 Stück)
2 EL Puderzucker

1 Eine Puddingform oder einen Kochtopf (Fassungsvermögen 1,5 l) mit zerlassener Butter oder Öl leicht einfetten; Boden mit Backpapier auslegen. Ein großes Stück Alufolie mit zerlassener Butter oder Öl einfetten. Ein Stück Backpapier auf die eingefettete Seite legen. In der Mitte falten und beiseite legen.
2 Butter, Zucker und Vanille cremig rühren. Eier einzeln zugeben, nach jedem Ei gut verrühren.

Gesiebtes, mit Backpulver vermischtes Mehl und Natron abwechselnd mit der Bananenmasse unterrühren. In die Puddingform geben. Zunächst mit eingefettetem Backpapier, dann mit Alufolie bedecken. Deckel schließen. Falls kein Deckel vorhanden ist, ein Geschirrtuch darüber legen und mit einer Schnur am Topfrand befestigen. Die Enden des Geschirrtuchs zu einer Griffschlaufe verknoten.
3 Puddingform in einen großen Topf auf einen Dreifuß oder eine umgedrehte Untertasse stellen. Kochendes Wasser hineingießen, so daß die Form zur Hälfte im Wasser steht. Zum Kochen bringen und auf mittlerer Stufe 2 1/2 Stunden kochen, bis ein hineingestecktes Stäbchen sauber bleibt. Regelmäßig kochendes Wasser zugeben. Vor dem Stürzen 5 Minuten stehen lassen. Mit Puderzucker bestäuben. Warm mit Passionsfruchtcreme servieren.
4 Für die Passionsfruchtcreme: Mascarpone in einer Schüssel weich rühren. Passionsfruchtfleisch und Puderzucker unterheben, bis die Mischung glatt ist – Vorsicht: Wenn die Mischung zu lange verquirlt wird, gerinnt sie. Sofort servieren.

Butterscotch-Pudding

Zubereitungszeit:
  30 Min.
Garzeit:
  1 Std. 15 Min.
Für 6–8 Personen

125 g weiche
  Butter
120 g brauner
  Zucker
2 Eier
90 g heller Sirup
250 g Mehl
2 TL Backpulver
180 ml Sahne
Erdbeeren
  als Beilage

Butterscotch-Sauce
100 g Butter
115 g brauner
  Zucker
125 ml Sahne

1 Ofen auf 180 °C vorheizen. Eine Springform (Durchmesser 20 cm) mit zerlassener Butter oder Öl einfetten; Boden mit Backpapier auslegen. Ein großes Stück Alufolie einfetten. Ein Stück Backpapier auf die eingefettete Seite legen und in der Mitte falten.
2 Butter und Zucker cremig schlagen. Die Eier einzeln zugeben und nach jeder Eizugabe gut verrühren. Den

Bananen-Pudding mit Passionsfruchtcreme (oben) und Butterscotch-Pudding

Sirup zugeben und alles gut vermischen. Unter Umständen wirkt die Mischung geronnen.
3 Gesiebtes Mehl mit Backpulver vermischen und abwechselnd mit der Sahne unterrühren. Mischung in die Form geben. Zunächst mit eingefettetem Backpapier, dann mit Alufolie bedecken. Mit einer Schnur befestigen, in eine große Auflaufform stellen. Mit Wasser auffüllen, so daß die Form zur Hälfte im Wasser steht. 60–70 Minuten köcheln lassen, bis ein hineingestecktes Stäbchen sauber bleibt. Aus der Form nehmen und mit Butterscotch-Sauce servieren.
4 Für die Butterscotch-Sauce: Butter und Zucker bei geringer Hitze in einem Topf erwärmen, bis die Butter ganz zerlassen und der Zucker aufgelöst ist. Nach und nach die Sahne einrühren.

Honig-Zitronen-Pudding mit Zitrusfrucht-marmelade

Zubereitungszeit:
  1 Std. + Kühlzeit
Garzeit:
  2 Std. 40 Min.
Für 6 Personen

180 g Butter
60 g feiner
  Zucker
260 g Honig
60 ml Zitronensaft
2 Eier
370 g Mehl
3/4 Päckchen
  Backpulver
1 TL Natron
2 EL abgeriebene
  Zitronenschale

Zitrusfruchtmarmelade
4 Orangen
2 Limonen
4 kleine Grapefruit
125 g Zucker
2 EL Honig

1 Eine Puddingform oder einen Kochtopf (Fassungsvermögen 1,5 l) leicht mit zerlassener Butter oder Öl einfetten und den Boden der Form mit Backpapier auslegen. Ein großes Stück Alufolie mit zerlassener Butter oder Öl einfetten. Ein Stück Backpapier auf die eingefettete Seite legen und Alufolie mit Backpapier in der Mitte falten.

2 Butter, Zucker, Honig und Zitronensaft in einen Topf geben, vermischen und bei mittlerer Hitze verrühren, bis die Butter zerlassen ist. In eine feuerfeste Schüssel geben und auf Zimmertemperatur abkühlen lassen.

3 Eier mit einem Metallschneebesen unter die abgekühlte Masse schlagen, mit Backpulver vermischtes Mehl, Natron und Zitronenschale zugeben. Mischung glattrühren. In die vorbereitete Puddingform geben, zunächst mit eingefettetem Backpapier, dann mit Alufolie bedecken. Deckel über der Folie verschließen. Falls kein Deckel vorhanden ist, ein Geschirrtuch darüber legen und mit einer Schnur am Topfrand befestigen. Die Enden des Geschirrtuches zu einer Griffschlaufe verknoten; damit kann die Form in den Kochtopf gestellt werden. Form in einen großen, tiefen Topf auf einen Dreifuß oder eine umgedrehte Untertasse stellen.

4 Kochendes Wasser vorsichtig an den Topfseiten entlang in den Topf füllen, bis die Form zur Hälfte im Wasser steht. Zum Kochen bringen, Hitze leicht reduzieren und auf mittlerer Stufe abgedeckt ca. 2 Stunden garen, bis ein in die Mitte des Puddings gestecktes Stäbchen sauber herausgezogen werden kann. Regelmäßig kochendes Wasser zugeben; nicht trocken stehen lassen. Pudding 5 Minuten ruhen lassen und auf einen Kuchenteller oder eine Tortenplatte stürzen. Heiß oder bei Zimmertemperatur servieren. Nach Wunsch mit Schlagsahne garnieren und als Beilage Zitrusfruchtmarmelade reichen.

5 **Für die Zitrusfruchtmarmelade:** Orangen, Limonen und Grapefruit schälen und in Spalten teilen. Mit einem scharfen Messer das Fruchtfleisch vorsichtig aus der Haut lösen. Fruchtstücke und Zucker in einem großen Topf mischen und bei geringer Hitze ein paar Minuten kochen, bis der Zucker völlig aufgelöst ist. Temperatur etwas erhöhen und ca. 35 Minuten köcheln lassen, bis die Masse dick und sirupartig wird; Honig einrühren. Marmelade in eine feuerfeste Schüssel geben und abkühlen lassen.

Honig-Zitronen-Pudding mit Zitrusfruchtmarmelade

Limonen-Kokos-Pudding mit Sommerobstsalat

Zubereitungszeit:
30 Min.
Garzeit:
2 Std.
Für 6 Personen

125 g Butter
180 g feiner
  Zucker
1 EL Limonenschale,
  feingerieben
2 Eier
45 g Kokosraspel
180 g Mehl
1 1/2 TL Backpulver
125 ml Limonensaft

Sommerobstsalat
2 1/2 EL Limonensaft
310 g Kokoscreme
1 1/2 EL Honig
2 Pfirsiche, in schmalen
  Spalten
2 Kiwis, längs in
  schmale Spalten
  geschnitten
400 g rote Papaya,
  in Scheiben
2 Bananen, schräg
  in Scheiben geschnitten

1 Eine Puddingform (Fassungsvermögen 1,5 l) leicht mit zerlassener Butter oder Öl einfetten; mit Mehl bestäuben und den Boden mit Backpapier auslegen. Ein großes Stück Alufolie mit zerlassener Butter oder Öl einfetten. Ein Stück Backpapier auf die eingefettete Seite legen. Alufolie und Backpapier in der Mitte falten.
2 Butter und Zucker in einer Schüssel mit dem Handrührgerät locker und schaumig schlagen. Limonenschale zugeben und gut verrühren. Eier einzeln zugeben, nach jedem Ei gut verrühren. Mit einem großen Metallöffel die Kokosraspel und das gesiebte, mit Backpulver vermischte Mehl abwechselnd mit dem Limonensaft zugeben.
3 Die Mischung in die vorbereitete Puddingform geben. Die Oberfläche mit der Rückseite eines Löffels glätten und zunächst mit dem eingefetteten Backpapier, dann mit Alufolie bedecken. Falls kein Deckel vorhanden ist, ein Geschirrtuch darüber legen und mit einer Schnur am Topfrand befestigen. Die Enden des Tuches zu einer Griffschlaufe verknoten; mit Hilfe der Schlaufe kann die Form in den Kochtopf gestellt werden. Form in einen großen tiefen Topf auf einen Dreifuß oder eine umgedrehte Untertasse stellen. Kochendes Wasser an den Topfwänden entlang vorsichtig in den Topf füllen, bis die Form zur Hälfte im Wasser steht. Zum Kochen bringen, Hitze etwas reduzieren und abgedeckt 2 Stunden köcheln lassen, bis ein in die Mitte des Puddings gestecktes Stäbchen sauber wieder herausgezogen werden kann. Den Pudding 5 Minuten ruhen lassen und anschließend auf einen Kuchenteller stürzen.
4 Für den Sommerobstsalat: Den Limonensaft, die Kokoscreme und den Honig mit einer Gabel oder einem kleinen Schneebesen in einer Karaffe verrühren. Die Früchte am besten erst kurz vor dem Servieren in Spalten schneiden und auf einem Teller mit einem Stück Pudding anrichten. Kokoscrememischung über Obst und Pudding geben.

TIP
Wenn Sie ein Geschirrtuch zum Abdecken benutzen, sollten Sie für einen besseren Griff Gummihandschuhe tragen, wenn Sie die Form aus dem Topf nehmen.

Limonen-Kokos-Pudding mit Sommerobstsalat

1 Böden der feuerfesten Förmchen mit
Backpapier auslegen.

2 Schokoladen-Chips und Apfel unter die
Puddingmischung rühren.

Schokoladen-pudding mit Muskateller-creme

Zubereitungszeit:
  20 Min.
Garzeit:
  40 Min.
Für 6 Personen

½ TL Natron
125 ml Milch
125 g Butter
155 g brauner Zucker
2 Eier,
  leicht verquirlt
150 g Mehl
1 TL Backpulver
40 g Kakaopulver
125 g dunkle
  Schokoladen-Chips
1 Granny-Smith-
  Apfel, geschält und
  geraspelt
Schokoladenraspel,
  je nach Geschmack

Muskatellercreme
2 Eier, getrennt
60 g feiner Zucker
60 ml Muskateller-
  oder Tokaier-Likör
250 ml Sahne,
  geschlagen

1 Den Backofen auf
180 °C vorheizen. 6 feu-
erfeste Puddingförmchen
(Fassungsvermögen 250
ml) mit zerlassener But-
ter oder Öl einfetten.
Die Böden mit Backpa-
pier auslegen. 6 kleine
Stücke Alufolie mit zer-
lassener Butter oder Öl
einfetten. Je ein Stück
Backpapier auf die einge-
fettete Seite legen. Backpapier und Alufolie in
der Mitte falten. Natron
in der Milch auflösen.
2 Butter und Zucker mit
dem Handrührgerät
schaumig schlagen. Eier
einzeln zugeben, nach
jedem Ei gut verrühren.
Gesiebtes Mehl mit

Backpulver vermischen.
Kakao abwechselnd mit
der Milchmischung zuge-
ben. Schokoladenchips
und Apfel unterziehen.
3 Die Mischung in die
Förmchen geben. Mit
Folie und Papier be-
decken und mit einer
Schnur befestigen. In
eine große Auflaufform
stellen. Mit Wasser auf-
füllen, so daß die Formen
zur Hälfte im Wasser ste-
hen. 40 Minuten backen,
bis ein in die Mitte des
Puddings gestecktes
Stäbchen sauber wieder
herausgezogen werden
kann. Auf Servierteller
stürzen und nach Belie-
ben mit Schokoladenras-
pel bestreuen. Als Beila-
ge Muskatellercreme rei-
chen.
**4 Für die Muskateller-
creme:** Eigelb und
Zucker dickflüssig und
cremig schlagen. Eiweiß
steif schlagen. Likör einrühren, dann Eiweiß und
Sahne unterrühren.

Schokoladenpudding mit Muskatellercreme

3 *Kochendes Wasser in die Form gießen, bis
die Förmchen zur Hälfte im Wasser stehen.*

4 *Eigelb und Zucker dickflüssig und cremig
schlagen.*

Grießpudding mit Aprikosensauce

Zubereitungszeit:
25 Min.
Garzeit:
1 Std.
Für 6 Personen

125 g Butter
160 g feiner
  Zucker
2 Eier,
  leicht verquirlt
2 TL feingeriebene
  Limonenschale
125 g Mehl
1¹/₂ TL Back-
  pulver
¹/₄ TL Salz
100 g Polenta
  (s. Hinweis)
125 g Dickmilch
80 ml Milch

Aprikosensauce
125 g getrocknete
  Aprikosen,
  grobgehackt
250 ml Apfelsaft
3 breite Streifen
  Zitronenschale,
  ohne Weißes
60 g Zucker
1 EL Cointreau,
  je nach Geschmack

1 Den Backofen auf 180 °C vorheizen. 6 feuerfeste Puddingförmchen (Fassungsvermögen 250 ml) mit zerlassener Butter oder Öl einfetten.

Die Böden der Förmchen mit Backpapier auslegen. 6 kleine Stücke Alufolie mit zerlassener Butter oder Öl einfetten. Je ein Stück Backpapier auf die eingefettete Seite legen. Das Backpapier und die Alufolie in der Mitte falten.

2 Die Butter und den Zucker mit dem Handrührgerät schaumig schlagen. Die Eier einzeln zugeben und die Mischung nach jeder Eizugabe gut verrühren. Die Zitronenschale unterrühren. Mit einem großen Metallöffel das gesiebte und mit Backpulver vermischte Mehl, Salz und Polenta abwechselnd mit der Mischung aus Dickmilch und Milch vorsichtig unterheben.

3 Die Mischung gleichmäßig in den Förmchen verteilen, so daß sie bis zu Dreiviertel-Höhe gefüllt sind. Zunächst mit dem eingefetteten Backpapier, dann mit der Alufolie bedecken. Mit einer Schnur befestigen. Die Förmchen in eine große, tiefe Auflaufform stellen. Die Auflaufform vorsichtig an den Formwänden entlang mit kochendem Wasser auffüllen, so daß die Förmchen zur Hälfte im Wasser stehen. Ca. 40–50 Mi-

nuten backen, bis ein in die Mitte des Puddings gestecktes Stäbchen sauber wieder herausgezogen werden kann. Anschließend den Pudding aus den Förmchen stürzen und mit heißer Aprikosensauce servieren.

4 Für die Aprikosensauce: Die Aprikosen, den Apfelsaft, 250 ml Wasser und die Zitronenschalenstreifen in einem Topf vermengen und alles zum Kochen bringen. Bei geringer Hitze und halb aufgelegtem Deckel ca. 10 Minuten köcheln lassen, bis die Aprikosen weich sind. Die Zitronenschale herausnehmen, den Zucker zugeben und verrühren, bis er sich völlig aufgelöst hat. 10 Minuten abkühlen lassen und in der Küchenmaschine zu einer einheitlichen Masse glattrühren. Zum Schluß den Cointreau einrühren.

Hinweis: Polenta ist Maisgrieß (nicht zu verwechseln mit Maismehl) und im Supermarkt oder im Reformhaus erhältlich. Polenta ist leuchtend gelb, und manche Sorten sind gröber als andere. Wählen Sie eine Sorte, die nicht zu grob ist.

Grießpudding mit Aprikosensauce

Sago-Plumpudding mit Rumbutter

Zubereitungszeit:
30–35 Min.
Ruhezeit:
1 Nacht
Garzeit:
3¹/₂–4 Std.
Für 6–8 Personen

65 g Sago
250 ml Milch
1 TL Natron
140 g dunkelbrauner
  Zucker
160 g frische
  Semmelbrösel
60 g Sultaninen
75 g Korinthen
90 g Datteln,
  gehackt
2 Eier,
  leicht verquirlt
60 g Butter,
  zerlassen
Himbeeren,
  Blaubeeren und
  Puderzucker als
  Dekoration

Rumbutter
125 g weiche Butter
140 g dunkelbrauner
  Zucker
4 EL Rum

1 Sago und Milch in einer Schüssel mischen, abdecken und über Nacht in den Kühlschrank stellen. Eine Puddingform (Fassungsvermögen 1,5 l) leicht mit zerlassener Butter oder Öl einfetten. Ein großes Stück Alufolie mit zerlassener Butter oder Öl einfetten. Ein Stück Backpapier auf die eingefettete Seite legen und Backpapier und Alufolie in der Mitte falten.

2 Die Mischung aus Sago und Milch in eine große Schüssel geben und das Natron einrühren, bis es sich aufgelöst hat. Braunen Zucker, Semmelbrösel, getrocknete Früchte, verquirlte Eier und zerlassene Butter zugeben und gut mischen.

3 Die Mischung in die Puddingform geben und die Oberfläche mit der Rückseite eines Löffels glätten. Zunächst mit dem eingefetteten Backpapier, dann mit der Alufolie bedecken. Anschließend den Deckel über der Folie verschließen. Falls Sie keine Form mit Deckel verwenden, ein Geschirrtuch über die Form legen und mit einer Schnur am Topfrand befestigen. Die Enden des Tuches zu einer Griffschlaufe verknoten; damit kann die Puddingform in den Kochtopf gestellt werden.

4 Die Form auf einen Dreifuß oder eine umgedrehte Untertasse in einen großen, tiefen Topf stellen. Den Topf an den Topfwänden entlang vorsichtig mit kochendem Wasser füllen, so daß die Form zur Hälfte im Wasser steht. Wasser wieder zum Kochen bringen, die Temperatur ein wenig verringern und 3¹/₂–4 Stunden auf mittlerer Stufe köcheln lassen, bis ein in die Mitte gestecktes Stäbchen sauber wieder herausgezogen werden kann. Falls nötig, regelmäßig kochendes Wasser nachfüllen, nicht trocken stehen lassen. Form aus dem Topf nehmen und 5 Minuten warten. Pudding auf einen Kuchenteller stürzen. Mit Himbeeren und Blaubeeren garnieren, mit Puderzucker bestäuben. Heiß mit kalter Rumbutter servieren.

5 Für die Rumbutter: Die Butter und den braunen Zucker mit dem elektrischen Handrührgerät ca. 3–4 Minuten verrühren, bis die Mischung cremig ist. Rum eßlöffelweise zugeben. Die Rumbutter auf einen Teller geben, abdecken und bis zum Servieren im Kühlschrank aufbewahren.

Sago-Plumpudding mit Rumbutter

Feigenpudding mit Weinbrandsauce

Zubereitungszeit:
40 Min.
Ruhezeit:
2 Std.
Garzeit:
4 Std. 10 Min.
Für 8–10 Personen

240 g Dessertfeigen,
   gehackt
225 g Datteln, entkernt
   und gehackt
90 g Rosinen
80 g kandierter Ingwer,
   gehackt
2 EL Weinbrand oder
   Orangensaft
45 g brauner
   Zucker
240 g frische
   Semmelbrösel
250 g Mehl,
   gesiebt
2 TL Backpulver
160 g Butter,
   zerlassen
3 Eier,
   leicht verquirlt
125 ml Milch
2 TL abgeriebene
   Zitronenschale
3 EL Zitronensaft

Weinbrandsauce
30 g Stärke
60 g feiner
   Zucker
500 ml Milch
30 g Butter
80 ml Weinbrand

1 Eine Puddingform (Fassungsvermögen 2 l) mit zerlassener Butter oder Öl einfetten, Boden mit Backpapier auslegen. Ein großes Stück Alufolie mit zerlassener Butter oder Öl einfetten. Ein Stück Backpapier auf die eingefettete Seite legen, in der Mitte falten. Feigen, Datteln, Rosinen und Ingwer in einer Schüssel mischen. Weinbrand oder Orangensaft einrühren und mindestens 2 Stunden ziehen lassen.

2 Braunen Zucker, Semmelbrösel und mit Backpulver vermengtes, gesiebtes Mehl mischen. Früchte einrühren, dann Butter, Eier, Milch, Zitronenschale und -saft zugeben; alles gut vermischen. In die Puddingform geben und gut andrücken, um Luftblasen zu vermeiden. Oberfläche glätten und zunächst mit eingefettetem Backpapier, dann mit Alufolie bedecken. Deckel über der Folie schließen. Falls kein Deckel vorhanden ist, ein Geschirrtuch darüber legen und mit einer Schnur am Topfrand befestigen. Die Enden des Tuches zu einer Griffschlaufe verknoten, damit kann die Form in den Kochtopf gestellt werden.

3 Schüssel auf einen Dreifuß in einen großen, tiefen Topf stellen. Mit kochendem Wasser auffüllen, so daß die Form zur Hälfte im kochenden Wasser steht. Zum Kochen bringen, Hitze etwas verringern, abdecken und 4 Stunden köcheln lassen, bis ein in die Mitte gestecktes Stäbchen sauber bleibt. Schüssel aus dem Wasser nehmen, Deckel abnehmen und 5 Minuten stehen lassen; auf einen Kuchenteller stürzen. Mit Puderzucker bestäuben. Heiß mit heißer Weinbrandsauce servieren. Nach Belieben mit frischen Feigen garnieren.

4 Für die Weinbrandsauce: Die Stärke und den Zucker in einem Topf vermischen, etwas Milch zugeben und zu einer glatten Paste verrühren. Die restliche Milch zugeben und auf mittlerer Stufe 3–4 Minuten schlagen, bis die Sauce sämig und dick ist. Die Butter und den Weinbrand einrühren. Heiß zum Feigenpudding servieren.

Hinweis: Dessertfeigen sind besonders zarte getrocknete Feigen, die im Supermarkt erhältlich sind.

Feigenpudding mit Weinbrandsauce

Tamarillo-Pudding mit Passionsfruchtcreme

Zubereitungszeit:
35 Min.
Garzeit:
1 Std. 10 Min.
Für 6–8 Personen

3–4 Tamarillos
125 g Butter
180 g feiner
  Zucker
2 Eier,
  leicht verquirlt
5 Tropfen
  Vanillearoma
220 g Mehl
1 1/2 TL Backpulver
45 g Mandeln,
  feingemahlen
125 g saure Sahne
2 EL Milch

Passionsfruchtcreme
90 g Passionsfruchtfleisch
250 ml Sahne,
  geschlagen

1 Backofen auf 180 °C vorheizen. Eine feuerfeste Auflaufform (Durchmesser 20 cm) leicht mit zerlassener Butter oder Öl einfetten, den Boden mit Backpapier auslegen. Die Unterseiten der Tamarillos kreuzförmig einschneiden, in eine Schüssel setzen und mit kochendem Wasser übergießen, 5 Minuten stehen lassen. Die Tamarillos mit einem Schöpflöffel herausnehmen und vorsichtig häuten. In 5 cm dicke Scheiben schneiden.

2 Boden der vorbereiteten Auflaufform mit den Tamarilloscheiben auslegen. Butter und Zucker mit dem Handrührgerät in einer kleinen Schüssel schaumig schlagen. Nach und nach Eier und Vanillearoma zugeben, nach jeder Zugabe gut mischen. Mischung in eine große Schüssel geben.

3 Das gesiebte Mehl mit Backpulver vermischen und saure Sahne und Milch miteinander verrühren. Mehl- und Milchmischung abwechselnd mit den feingemahlenen Mandeln unterrühren, bis alles vermengt ist. Puddingmischung vorsichtig auf die Tamarillos geben. 1 Stunde oder etwas länger backen, bis ein in die Mitte gestecktes Stäbchen sauber bleibt. 5 Minuten stehen lassen, Pudding auf einen Kuchenteller stürzen. Mit Passionsfruchtcreme servieren.

4 Für die Passionsfruchtcreme: Das Passionsfruchtfleisch vorsichtig unter die geschlagene Sahne heben.

Beschwipster Dattelpudding

Zubereitungszeit:
20 Min.
Garzeit:
50 Min.
Für 6 Personen

135 g Datteln,
  entkernt und
  grobgehackt
1 TL Natron
50 g weiche
  Butter
155 g brauner
  Zucker
2 Eier
180 g Mehl
1/2 TL Backpulver
100 g Walnüsse,
  grobgehackt

Sirup
155 g brauner
  Zucker
10 g Butter
5 Tropfen
  Vanillearoma
80 ml Weinbrand

1 Backofen auf 180 °C vorheizen. Eine tiefe, feuerfeste Auflaufform(Fassungsvermögen 1,5 l) leicht mit zerlassener Butter oder Öl einfetten. Datteln und Natron in eine Schüssel geben und mit 250 ml kochendem Wasser übergießen. Beiseite stellen und abkühlen lassen (die Mischung schäumt auf).

*Tamarillo-Pudding mit Passionsfruchtcreme (oben)
und Beschwipster Dattelpudding*

Die Butter und den Zucker mit dem Handrührgerät schaumig schlagen. Die Eier einzeln zugeben und die Mischung nach jeder Eizugabe gut verrühren. **2** Das gesiebte Mehl mit dem Backpulver vermischen und zusammen mit den Walnüssen und der Dattelmischung unterrühren. Alle Zutaten gut verrühren. In die vorbereitete Form geben. 40 Minuten backen, bis der Pudding etwas aufgegangen und fest ist. **3** Bereiten Sie den Sirup zu, während der Pudding backt. Den Zucker, die Butter, das Vanillearoma, den Weinbrand und ca. 80 ml Wasser in einen Topf geben und alles 5 Minuten köcheln lassen. Den Pudding mehrmals mit einem Stäbchen einstechen. Den Sirup darüber schöpfen. Pudding weitere 5 Minuten in den Backofen stellen und die Sauce einziehen lassen. Mit Sahne oder Naturjoghurt servieren.

Sirup-Pudding mit Vanillesauce

Zubereitungszeit:
30 Min.
Garzeit:
1 Std. 20 Min.
Für 6–8 Personen

4 EL heller
  Sirup
180 g weiche
  Butter
180 g Zucker
5 Tropfen
  Vanillearoma
3 Eier
180 g Mehl
1 1/2 TL Backpulver
90 g heller Sirup
  zusätzlich,
  erwärmt,
  zum Garnieren
Erdbeeren,
  zum Garnieren

Vanillesauce
2 EL Pudding-
  pulver mit
  Vanillegeschmack
2 EL feiner
  Zucker
315 ml Milch
250 g saure
  Sahne
10 Tropfen
  Vanillearoma

1 Den Backofen auf 180 °C vorheizen. Eine tiefe, runde Backform (Durchmesser 20 cm) leicht mit zerlassener Butter oder Öl einfetten. Den Boden und den Rand mit Backpapier auslegen. Ein großes Stück Alufolie mit zerlassener Butter oder Öl einfetten. Ein Stück Backpapier auf die eingefettete Seite legen. Alufolie und Backpapier in der Mitte falten.

2 Den hellen Sirup auf den Boden der vorbereiteten Backform geben. Butter und Zucker mit dem elektrischen Handrührgerät schaumig schlagen. Vanillearoma, Eier und mit Backpulver vermischtes Mehl vermengen und zugeben. Auf kleiner Stufe gut verrühren, anschließend auf höchster Stufe weitere 2 Minuten verrühren.

3 Die Mischung in die vorbereitete Backform über den Sirup geben und die Oberfläche mit der Rückseite eines Löffels glätten. Zunächst mit dem eingefetteten Backpapier, dann mit der Alufolie bedecken. Alles mit einer Schnur befestigen.

4 Backform in eine große, tiefe Auflaufform stellen. Die Auflaufform an den Seitenwänden entlang vorsichtig mit kochendem Wasser füllen, so daß die Puddingform zur Hälfte im Wasser steht. 1–1 1/2 Stunden backen, bis ein in die Mitte gestecktes Stäbchen sauber wieder herausgezogen werden kann. Die Form aus dem Wasser nehmen, Deckel abnehmen. Den Pudding 5 Minuten ruhen lassen und auf einem großen Kuchenteller oder einer Tortenplatte anrichten. Den erwärmten zusätzlichen Sirup über den Pudding schöpfen und mit Erdbeeren garnieren. In Stücken mit heißer Vanillesauce servieren.

5 Für die Vanillesauce: Puddingpulver und Zucker in einem Topf vermischen und etwas Milch zugeben, so daß eine glatte Paste entsteht. Die restliche Milch, saure Sahne und Vanillearoma zugeben. Bei geringer Hitze ca. 3–4 Minuten verrühren, bis die Sauce eindickt und glatt wird. 1 weitere Minute köcheln lassen. Die Sauce abdecken und erst kurz vor dem Servieren wieder erhitzen.

TIP
Um Haut auf der Vanillesauce zu verhindern, legen Sie ein Stück Backpapier auf die Oberfläche der Sauce.

Sirup-Pudding mit Vanillesauce

Schokoladenpudding mit Schokoladensauce

Zubereitungszeit:
40 Min.
Garzeit:
1 Std. 20 Min.
Für 6–8 Personen

2 grüne Äpfel,
 geschält, entkernt,
 in Scheiben
 geschnitten
1 EL feiner Zucker

Puddingteig
100 g dunkle
 Schokolade, in
 Stückchen˙
100 g weiche
 Butter
4 Eier,
 getrennt
90 g feiner Zucker
1 EL Milch
60 g Mehl,
 gesiebt
2 TL Kakaopulver
¹/₄ TL Natron
80 g frische
 Semmelbrösel

Schokoladensauce
2 EL Puddingpulver
 mit Schokoladen-
 geschmack
1 EL feiner Zucker
1 TL Kakaopulver
500 ml Milch
100 g dunkle Schokolade,
 grobgeraspelt

1 Eine gerippte Springform (Durchmesser 23 cm) leicht mit zerlassener Butter oder Öl einfetten. Ein großes Stück Alufolie mit zerlassener Butter oder Öl einfetten. Ein Stück Backpapier auf die eingefettete Seite legen. Alufolie und Backpapier in der Mitte falten.
2 Apfelscheiben, Zucker und 60 ml Wasser in einen Topf geben. Abdecken und bei mittlerer Hitze 12 Minuten kochen, bis die Äpfel weich, aber noch nicht auseinandergefallen sind. Die Äpfel mit der verbliebenen Flüssigkeit auf dem Boden der vorbereiteten Form verteilen.
3 Schokolade bei 150 °C ca. 4 Minuten in den Backofen stellen, bis sie weich, aber nicht erhitzt ist. Schokolade aus dem Ofen nehmen und die Temperatur auf 180 °C erhöhen. Butter mit dem elektrischen Handrührgerät 1–2 Minuten cremig schlagen, dann weiche Schokolade, Eigelb und Zucker zugeben. Mit einem großen Metallöffel die Milch, dann das gesiebte Mehl, Kakaopulver, Natron und die Semmelbrösel vermischen und zugeben.

4 Eiweiß in einer sauberen Schüssel steif schlagen. Einen Löffel Eiweiß in die Schokoladenmischung rühren. Restliches Eiweiß unterrühren, bis die Mischung glatt ist (nicht zu lange rühren). Mischung in die Form geben und die Oberfläche glätten.
5 Form zunächst mit eingefettetem Backpapier, dann mit Alufolie bedecken. Mit einer Schnur befestigen. Form in eine große Auflaufform stellen und mit heißem Wasser auffüllen, bis die Puddingform zur Hälfte im Wasser steht. 55 Minuten backen, bis ein in die Mitte gestecktes Stäbchen sauber bleibt. Form aus dem Wasser nehmen und Folie entfernen. Pudding 5 Minuten stehen lassen, dann auf einen Kuchenteller stürzen. Mit heißer Schokoladensauce und nach Belieben mit Erdbeeren servieren.
6 Für die Schokoladensauce: Puddingpulver, Zucker und Kakao in einen Topf geben, etwas Milch zugeben und verrühren. Restliche Milch und Schokolade zugeben; bei mittlerer Hitze 3–4 Minuten verrühren, bis die Masse eindickt. Abdecken, damit sich keine Haut bildet.

Schokoladenpudding mit Schokoladensauce

Schwarzwälder Kirschpudding

Zubereitungszeit:
  35 Min.
Garzeit:
  1 Std. 55 Min.
Für 6–8 Personen

1 kleines Glas
  (425 g) Kirschen,
  entsteint
250 g Mehl
2 TL Backpulver
2 EL Kakaopulver
200 g Butter
100 g dunkle
  Schokolade,
  in Stückchen
  gehackt
140 g brauner Zucker
2 Eier, leicht
  verquirlt
1 EL Kirschwasser
geschlagene Sahne,
  Schokoladenraspel
  und Maraschino-
  kirschen, zum
  Garnieren

1 Backofen auf 160 °C vorheizen. Eine Puddingform (Fassungsvermögen 2,5 l) leicht mit zerlassener Butter oder Öl einfetten und den Boden mit Backpapier auslegen. Die Kirschen abtropfen lassen und 125 ml der Flüssigkeit aufbewahren. Kirschen auf Küchenpapier ausbreiten und trockentupfen.

2 Mehl mit Backpulver vermischen und zusammen mit dem Kakaopulver in eine große Schüssel sieben. Die Kirschen zugeben und darin wälzen. In die Mitte eine Mulde drücken. Butter, Schokolade, Zucker und die 125 ml Kirschsaft in einen kleinen Topf geben und alles bei geringer Hitze verrühren, bis die Schokolade und die Butter zerlassen sind und der Zucker sich aufgelöst hat.

3 Geschmolzene Mischung in die Mulde der trockenen Zutaten geben. Eier zufügen und behutsam mit einem Holzlöffel verrühren, bis alles vermischt ist. Nicht zu lange schlagen, sonst wird der Pudding zäh. Mischung in die vorbereitete Form geben und die Oberfläche glätten. 1 Stunde 45 Minuten backen, bis ein in die Mitte gestecktes Stäbchen sauber bleibt.

4 Pudding aus dem Ofen nehmen und die Oberseite mehrmals mit einem Stäbchen einstechen. Kirschwasser über den Pudding schöpfen und 5 bis 10 Minuten einziehen lassen. Pudding aus der Schüssel auf einen Kuchenteller stürzen. Mit Schlagsahne, Schokoladenraspel und Maraschinokirschen servieren.

Schwarzwälder Kirschpudding

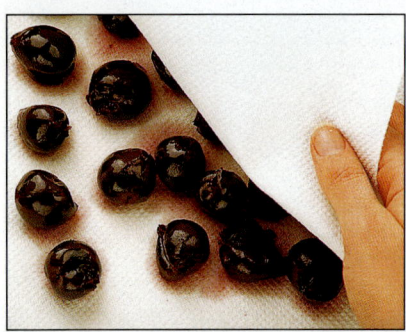

1 *Kirschen auf Küchenpapier legen und trockentupfen.*

2 *Butter, Schokolade, Zucker und aufbewahrten Kirschsaft zusammengeben.*

3 Zerlassene Buttermischung in die Mulde der Mehlmischung geben.

4 Kirschwasser über den Pudding schöpfen.

Harlekin-Pudding mit Kirschwasser-sauce

Zubereitungszeit:
45 Min.
Garzeit:
1 Std. 40 Min.
Für 6–8 Personen

1 kleines Glas (425 g)
Kirschen, entsteint

Heller Teig
60 g Butter
60 g feiner Zucker
1 Ei
90 g Mehl
30 g Puddingpulver mit
Vanillegeschmack
1 TL Backpulver
2 EL Milch
45 g Schokolade, grob-
geraspelt

Schokoladenteig
60 g Butter
60 g feiner Zucker
1 Ei
90 g Mehl
30 g Puddingpulver mit
Schokoladengeschmack
1 TL Backpulver
1 EL Kakaopulver
3 EL Milch

Kirschwassersauce
3 TL Stärke
aufgefangener Kirschsaft
1–2 EL Kirschwasser
Crème double, als Beilage

1 Eine Puddingform (Fassungsvermögen 1³/₄ l) leicht mit zerlassener Butter oder Öl einfetten. Ein großes Stück Alufolie mit zerlassener Butter oder Öl einfetten. Ein Stück Backpapier auf die eingefettete Seite legen. Alufolie und Backpapier in der Mitte falten. Kirschen abtropfen lassen, Saft auffangen. Kirschen auf dem Boden der Form verteilen, 1 EL Saft zugeben.

2 Für den hellen Teig: Butter und Zucker mit dem elektrischen Handrührgerät 2–3 Minuten in einer kleinen Schüssel cremig schlagen. Ei zugeben und gut verrühren. Zuerst gesiebtes Mehl, Puddingpulver und Backpulver, dann die Milch unterrühren. Die Mischung auf die Kirschen geben. Oberfläche glätten und mit der Schokolade bestreuen.

3 Für den Schokoladenteig: Zucker und Butter mit dem elektrischen Handrührgerät in einer kleinen Schüssel 2–3 Minuten cremig schlagen. Ei zugeben und gut verrühren. Zuerst gesiebtes Mehl, Puddingpulver und Backpulver, dann die Milch unterrühren.

4 Mischung auf den hellen Teig geben. Zunächst mit eingefettetem Backpapier, dann mit Alufolie bedecken. Deckel über der Folie schließen. Falls kein Deckel vorhanden ist, ein Geschirrtuch über die Folie legen; mit einer Schnur am Topfrand befestigen. Tuchenden zu einer Griffschlaufe verknoten.

5 Puddingform auf einen Dreifuß oder eine umgedrehte Untertasse in einen großen, tiefen Topf stellen. Mit kochendem Wasser füllen, so daß die Schüssel zur Hälfte im Wasser steht. Zum Kochen bringen, Hitze etwas verringern, abdecken und 1¹/₂ Stunden köcheln lassen, bis ein in die Mitte gestecktes Stäbchen sauber bleibt. Regelmäßig Wasser zugeben. Schüssel aus dem Wasser nehmen. 5 Minuten stehen lassen und auf einen Kuchenteller stürzen. Heiß mit warmer Kirschwassersauce servieren.

6 Für die Kirschwassersauce: Die Stärke in einem Topf mit 1 EL Wasser zu einer glatten Paste verrühren. Aufgefangenen Kirschsaft zugeben, bei mittlerer Hitze 3–4 Minuten verrühren, bis die Sauce eindickt. Kirschwasser je nach Geschmack einrühren.

Harlekin-Pudding mit Kirschwassersauce

Süßer Nußpudding mit heißer Karamelsauce

Zubereitungszeit:
45 Min.
Garzeit:
1 Std.
Für 8 Personen

180 g Datteln,
  gehackt
5 Tropfen
  Vanillearoma
1/2 TL Natron
100 g Pekannüsse
90 g weiche
  Butter
160 g feiner
  Zucker
2 Eier,
  leicht verquirlt
180 g Mehl
1 1/2 TL Backpulver
Erdbeeren,
  zum Garnieren

Karamelsauce
180 g brauner
  Zucker
125 g Butter,
  in Flocken
125 ml Sahne

1 Den Backofen auf 180 °C vorheizen. 8 feuerfeste Backförmchen (Fassungsvermögen 250 ml) leicht mit zerlassener Butter oder Öl bestreichen; Böden mit Backpapier auslegen. 8 Stücke Alufolie mit zerlassener Butter oder Öl einfetten. Je 1 Stück Backpapier auf die eingefettete Seite legen. Alufolie und Backpapier in der Mitte falten.

2 Die Datteln in eine Schüssel geben und mit 180 ml kochendem Wasser übergießen. Vanillearoma und Natron einrühren und beiseite stellen (die Mischung schäumt). Pekannüsse unter dem Backofengrill bei mittlerer Hitze leicht rösten. Abkühlen lassen und grob hacken. Ein Drittel der Nüsse zum Garnieren beiseite legen. Butter und Zucker mit dem elektrischen Handrührgerät 2–3 Minuten cremig schlagen. Eier einzeln zugeben und die Mischung nach jeder Eizugabe gut verrühren. Das Mehl mit dem Backpulver vermischen, sieben und in 3 Portionen mit einem großen Metallöffel unterrühren. Anschließend die Nüsse und die Dattelmischung zufügen.

3 Die Puddingmischung gleichmäßig auf die Förmchen verteilen und die Oberfläche mit der Rückseite eines Löffels glätten. Die Förmchen zunächst mit eingefettetem Backpapier, dann mit Alufolie bedecken. Mit einer Schnur befestigen. Die Förmchen in eine große Auflaufform setzen. Die Form vorsichtig an den Seitenwänden entlang mit kochendem Wasser füllen, bis die Förmchen zur Hälfte im Wasser stehen. Den Pudding ca. 40 Minuten backen, bis ein in die Mitte gestecktes Stäbchen sauber herausgezogen werden kann. 5 Minuten abkühlen lassen. Ränder mit einem Messer vorsichtig von der Form lösen, dann erst auf einen Kuchenteller stürzen. Die Backofentemperatur auf 160 °C verringern.

4 Für die Karamelsauce: Den Zucker, die Butter und die Sahne in einen Topf geben und bei geringer Hitze ca. 5 Minuten rühren, bis der Zucker sich vollständig aufgelöst hat. 2 EL der Sauce über jede Portion Pudding geben. Puddingportionen weitere 10 Minuten in den Ofen stellen. Auf diese Weise werden sie noch einmal erhitzt und die Sauce kann einziehen. Jede Portion auf einen großen Dessertteller mit der restlichen heißen Sauce, den Erdbeeren und den aufbewahrten Nüssen anrichten und servieren.

Süßer Nußpudding mit heißer Karamelsauce

Mangopudding

Zubereitungszeit:
35 Min.
Garzeit:
1 Std. 30 Min.
Für 4–6 Personen

3 EL Zucker
1 Dose (425 g) Mangos
im eigenen Saft
100 g weiche
Butter
125 g feiner Zucker
1/2 TL abgeriebene
Zitronenschale
2 Eier
125 g Mehl
1 TL Backpulver
3 EL Mandeln,
gemahlen
1 Prise Kardamom-
körner, zerdrückt
1 EL Zitronensaft
2 TL Pfeilwurzelmehl

1 Eine Keramik- oder Glaspuddingform (Fassungsvermögen 1,5 l) leicht mit zerlassener Butter oder Öl einfetten. Keine Metallform benutzen, dort würde der Pudding festkleben. Boden mit Backpapier auslegen; Papier einfetten. Ein großes Stück Alufolie mit zerlassener Butter oder Öl einfetten. Ein Stück Backpapier auf die eingefettete Seite legen. In der Mitte falten.

Mangopudding

2 Zucker und 3 EL Wasser in einen Topf geben; auf mittlerer Stufe verrühren, bis der Zucker sich aufgelöst hat. Zum Kochen bringen, Hitze verringern und ohne Rühren köcheln lassen, bis die Mischung eine karamelgoldene Farbe annimmt. (Dauert ca. 6 Minuten; aufmerksam beobachten, da die Mischung leicht anbrennen kann.) Sobald die Sauce goldfarben ist, schnell in die Puddingform gießen. Beiseite stellen.

3 Mangos abtropfen lassen, Saft auffangen. 5 lange Mangostreifen abschneiden und beiseite stellen; den Rest grob hacken. Butter, Zucker und Zitronenschale in einer kleinen Schüssel cremig schlagen. Eier einzeln zugeben, nach jedem Ei gut mischen. In eine große Schüssel umfüllen. Mehl mit Backpulver mischen und zur Hälfte mit den gehackten Mangos verrühren. Restliches Mehl, gemahlene Mandeln und Kardamom zugeben; gut mischen.

4 Die Mangostreifen in einer einzelnen Schicht auf die Karamelsauce in die Puddingform legen. Puddingmischung in die Form geben. Mit einge-

fetteter Folie und Papier abdecken, die Folie dabei zuoberst legen. Den Deckel über der Folie verschließen. Falls kein Deckel vorhanden ist, ein Geschirrtuch darüber legen und mit einer Schnur am Topfrand befestigen. Die Enden zu einer Griffschlaufe verknoten, mit der die Form in den Topf gestellt werden kann.

5 Form auf einen Dreifuß oder eine umgedrehte Untertasse in einen großen, tiefen Topf stellen. Mit kochendem Wasser auffüllen, so daß die Form zur Hälfte im Wasser steht. Zum Kochen bringen, Hitze etwas verringern, abdecken und 1 Stunde und 15 Minuten köcheln lassen. Wenn er gar ist, sollte der Pudding gut aufgegangen und fest sein.

6 Während der Pudding gart, die Sauce zubereiten: Aufgefangenen Mangosaft in einen Topf geben; Zitronensaft zufügen. Pfeilwurzelmehl hineinschlagen und bei mäßiger Hitze ständig rühren, bis die Sauce kocht, eindickt und klar wird. Pudding vor dem Stürzen mit einem Messer vom Schüsselrand lösen. Mit warmer Mangosauce servieren.

Süßer Apfel-Ingwer-Pudding mit Weinbrandcreme

Zubereitungszeit:
  25 Min.
Garzeit:
  1 Std. 25 Min.
Für 8–10 Personen

125 g Butter
125 g feiner
  Zucker
350 g heller
  Sirup
2 Eier
250 g Mehl
3 TL Ingwer,
  gemahlen
1 TL Lebkuchen-
  gewürz
1/4 TL Nelken,
  gemahlen
1 TL Natron
2 grüne Äpfel,
  geschält, entkernt
  und geraspelt

Weinbrandcreme
375 ml Sahne
90 g heller
  Sirup
1 1/2 EL Weinbrand

1 Den Backofen auf 160 °C vorheizen. Eine quadratische Kuchenform (23 x 23 cm) leicht mit zerlassener Butter oder Öl einfetten und den Boden mit Backpapier auslegen.

2 Butter, Zucker und hellen Sirup in einen großen Topf geben und bei mittlerer Hitze verrühren, bis die Butter zerlassen, der Zucker völlig aufgelöst und die Mischung glatt ist. Vom Herd nehmen, etwas abkühlen lassen und mit einem Metallschneebesen Eier hineinschlagen.

3 Mehl, Ingwer, Lebkuchengewürz, gemahlene Nelken und Natron in eine Schüssel sieben und abwechselnd mit 250 ml Wasser mit dem Metallschneebesen in die Buttermischung rühren; behutsam rühren, bis alles vermischt ist. Nicht zu lange schlagen, sonst wird der Teig zäh.

4 Die Mischung in die vorbereitete Form geben und geraspelte Äpfel darüber streuen. 1 Stunde und 15 Minuten backen, bis ein in die Mitte gestecktes Stäbchen sauber wieder herausgezogen werden kann. 3 Minuten stehen lassen, dann zum Abkühlen auf einen Rost stürzen. Während der Pudding gart, die Sauce zubereiten.

5 Für die Weinbrandcreme: Sahne und hellen Sirup in einen kleinen Topf geben, bei mittlerer Hitze verrühren und zum Kochen bringen. Hitze verringern und 1 Minute köcheln lassen. Vom Herd nehmen und Weinbrand einrühren. Pudding heiß oder bei Zimmertemperatur mit der Weinbrandcreme servieren.

Hinweis: Dieser Pudding schmeckt sogar noch besser, wenn er einen Tag vor dem Verzehr zubereitet wird, da sich das Aroma auf diese Weise erst vollständig entfalten kann. Den Pudding ganz abkühlen lassen und über Nacht in einem luftdicht verschlossenen Behälter aufbewahren. Um den Pudding heiß zu servieren, stellen Sie ihn auf einen feuerfesten Teller, decken ihn mit Alufolie ab und erhitzen ihn wieder bei 160 °C im Backofen. Die Weinbrandcreme am besten kurz vor dem Servieren zubereiten.

*Süßer Apfel-Ingwer-Pudding
mit Weinbrandcreme*

Süßer Marshmallow-Schokoladen-Whisky-Pudding

Zubereitungszeit:
30 Min.
Garzeit:
1 Std.
Für 6–8 Personen

310 g Mehl
2 TL Backpulver
40 g dunkler Kakao
150 g Butter,
   gehackt
200 g dunkle
   Schokolade,
   gehackt
80 ml Whisky
125 g feiner
   Zucker
180 g saure Sahne
2 Eier,
   leicht verquirlt
150 g weiße
   Marshmallows, in
   Stückchen
Puderzucker,
   Crème double und
   Erdbeeren, zum
   Garnieren

1 Ofen auf 160 °C vorheizen. Eine quadratische Kuchenform (20 x 20 cm) leicht mit zerlassener Butter oder Öl einfetten und den Boden mit Backpapier auslegen. Ein großes Stück Alufolie mit zerlassener Butter oder Öl einfetten. Ein Stück Backpapier auf die eingefettete Seite legen. Backpapier und Alufolie in der Mitte falten.

2 Mehl mit Backpulver vermischen. Kakao in eine große Schüssel sieben, in die Mitte eine Mulde drücken. Butter, Schokolade, Whisky, Zucker und saure Sahne in einen Topf geben. Bei geringer Hitze verrühren, bis Butter und Schokolade geschmolzen und alle Zutaten vermischt sind. Etwas abkühlen lassen.

3 Eier in die Mischung im Topf schlagen. Schokoladenmischung in die Mehlmulde geben. Verrühren, bis alle Zutaten vermengt sind; nicht zu lange schlagen. Marshmallows unterrühren. Die Mischung wird ziemlich dick aussehen.

4 Mischung in die vorbereitete Form geben; darauf achten, daß die Marshmallows am Rand gut bedeckt sind. Oberfläche glätten und Form zunächst mit eingefettetem Backpapier, dann mit Alufolie bedecken. 1 Stunde backen, bis ein in die Mitte gestecktes Stäbchen sauber bleibt. Pudding auf einen Kuchenteller stürzen. Mit Puderzucker bestreuen. In Scheiben mit Crème double und frischen Erdbeeren servieren.

Honigwaben-Pudding

Zubereitungszeit:
25 Min.
Garzeit:
50 Min.
Für 6–8 Personen

125 g Butter
60 g feiner Zucker
2 Eier, leicht verquirlt
5 Tropfen Vanillearoma
220 g Mehl
1 1/2 TL Backpulver
180 ml Milch
150 g frische Honigwabe,
   grobgehackt
Crème double und
frische Honigwabe,
zum Garnieren

1 Backofen auf 180 °C vorheizen. Eine runde, tiefe, feuerfeste Schüssel (Fassungsvermögen 1,5 l) leicht mit zerlassener Butter oder Öl einfetten; Boden mit Backpapier auslegen.

2 Butter und Zucker mit dem elektrischen Handrührgerät cremig schlagen. Nach und nach Eier und Vanillearoma zugeben und die Mischung nach jeder Zugabe gut verrühren.

3 Gesiebtes Mehl mit Backpulver vermischen und abwechselnd mit der Milch mit einem großen Metallöffel unterrühren, bis alles vermischt ist.

Honigwaben-Pudding (oben)
und Süßer Marshmallow-Schokoladen-Whisky-Pudding

Kleingehackte Honigwabe unterrühren. Mischung in die vorbereitete Form geben. 45–50 Minuten backen, bis ein in die Mitte des Puddings gestecktes Stäbchen sauber bleibt. Pudding auf einen Kuchenteller stürzen. Mit Crème double und zusätzlicher Honigwabe servieren. Oberfläche des Puddings mit Honig von der Honigwabe beträufeln.

43

Ingwer-Pudding mit Sherry-Mousseline

Zubereitungszeit:
35 Min.
Garzeit:
2 Std. 40 Min.
Für 6–8 Personen

100 g kandierter
   Ingwer,
   grobgehackt
300 g Mehl
1 TL Natron
1 TL Ingwer,
   gerieben
1/4 TL Lebkuchen-
   gewürz
125 g Butter,
   in Flocken
1 Ei, leicht
   verquirlt
180 ml Milch,
   erwärmt
260 g heller Sirup,
   erwärmt
1 EL heller Sirup,
   zusätzlich

Sherry-Mousseline
1 Ei
1 Eigelb
2 EL feiner
   Zucker
2 EL Sherry

1 Eine feuerfeste Puddingform (Fassungsver-
mögen 2 l) leicht mit
zerlassener Butter oder
Öl einfetten. Ein großes
Stück Alufolie mit zer-
lassener Butter oder Öl
einfetten. Ein Stück
Backpapier auf die einge-
fettete Seite legen. Alu-
folie und Backpapier in
der Mitte falten. Ge-
hackten kandierten Ing-
wer auf den Boden der
Form streuen.
2 Mehl, Natron, gemahlenen Ingwer und Leb-
kuchengewürz in eine
große Schüssel sieben.
Butterflocken zugeben
und mit den Fingern
verkneten, bis die Mi-
schung fein und krümelig
ist. Eine Mulde in die
Mitte der Mischung
drücken und verquirltes
Ei, Milch und hellen Si-
rup hineingeben. Rüh-
ren, bis alles gut ver-
mischt ist. Aber Vor-
sicht: nicht zu lange
schlagen.
3 Die Mischung in die
vorbereitete Pudding-
form geben. Zunächst
mit dem eingefetteten
Backpapier, dann mit
der Alufolie bedecken.
Den Deckel über der
Folie verschließen. Falls
kein Deckel vorhanden
ist, ein Geschirrtuch darüber legen, mit einer
Schnur am Rand befesti-
gen und die Enden zu
einer Griffschlaufe ver-
knoten. Mit Hilfe dieser
Schlaufe kann die Form
in den Topf gestellt wer-
den.
4 Schüssel auf einen
Dreifuß oder eine umge-
drehte Untertasse in
einen großen, tiefen Topf
stellen. Den Topf an den
Seitenwänden entlang
vorsichtig mit kochen-
dem Wasser auffüllen, so
daß die Form zur Hälfte
im Wasser steht. Zum
Kochen bringen und
Hitze etwas verringern.
Topf abdecken und 2 1/2
Stunden garen lassen, bis
ein in die Mitte gesteck-
tes Stäbchen sauber
bleibt. Wenn nötig,
kochendes Wasser nach-
füllen; den Topf nicht
trocken stehen lassen.
Puddingform aus dem
Wasser nehmen und
Deckel entfernen. 5
Minuten stehen lassen
und auf eine große
Kuchenplatte stürzen.
Den Ingwer ganz mit
dem zusätzlichen hellen
Sirup überziehen. Heiß
mit Sherry-Mousseline
und nach Belieben mit
Crème double servieren.
**5 Für die Sherry-
Mousseline:** Ei, Eigelb,
Zucker und Sherry in
einer feuerfesten Schüs-
sel mischen und in
einen Topf mit kochen-
dem Wasser stellen. Mit
dem elektrischen Hand-
rührgerät 5–8 Minuten
schlagen, bis die Mi-
schung eindickt und
schaumig wird. Sofort
servieren.

Ingwer-Pudding mit Sherry-Mousseline

Cremes und Saucen

W enn zu Ihrem Pudding keine spezielle Sauce gehört, wählen Sie zwischen einer sahnigen Creme, einer schmackhaften Sauce oder einem erfrischenden Früchteguß.

Einfache Vanillecreme

250 ml Milch und 60 ml Sahne in einem mittelgroßen Topf mischen. Zum Kochen bringen und sofort vom Herd nehmen. 3 Eigelb, 125 g feinen Zucker und 2 TL Stärke in einer Schüssel verrühren. Heiße Milch-Sahnemischung unter ständigem Rühren langsam in die Eimischung geben. Zurück in den Topf gießen und bei geringer Hitze 5 Minuten verrühren, bis die Sauce eindickt – nicht zum Kochen bringen. Vom Herd nehmen und 2 Tropfen Vanillearoma einrühren. Ergibt 560 ml.

Heiße Schokoladensauce

250 ml Sahne, 30 g Butter und 200 g zerkleinerte dunkle Schokolade in einem kleinen Topf mischen. Bei geringer Hitze verrühren, bis Butter und Schokolade völlig geschmolzen sind und die Mischung zu einer glatten Masse geworden ist. Sauce heiß oder bei Zimmertemperatur servieren. Ergibt 500 ml.

Einfacher Früchteguß

500 g Erdbeeren in eine Küchenmaschine geben. Nach Geschmack ca. 1 EL Puderzucker zugeben und zerkleinern, bis die Erdbeeren flüssig sind. Wenn erwünscht, Mischung abseihen, um Kerne zu entfernen. Als Variation können Blaubeeren, Himbeeren oder eine entsprechende Menge weicher Früchte, wie zum Beispiel Mangos oder Kiwis, verwendet werden. Gefrorene Früchte sind ebenfalls empfehlenswert. Auch zu Eiscreme, Mousse oder mit Baisers und Obst servieren. Ergibt ca. 300 ml.

Crème anglaise

Eine Vanilleschote der Länge nach aufschneiden und mit 375 ml Milch in einen kleinen Topf geben. Erhitzen, bis die Mischung fast kocht, vom Herd nehmen und 10 Minuten ziehen lassen. 3 Eigelb und 2 EL Zucker ca. 3 Minuten cremig schlagen. Vanilleschote entnehmen und Milch unter ständigem Rühren auf die Eimischung gießen. Zurück auf den Herd stellen, bei geringer Hitze ca. 5 Minuten verrühren, bis die Mischung eindickt – nicht kochen, sonst gerinnt sie. Ergibt ca. 440 ml.

Von links nach rechts: Einfache Vanillecreme, Einfacher Früchteguß, Heiße Schokoladensauce und Crème anglaise

Auflauf mit geschmorten Äpfeln

Zubereitungszeit:
  25 Min.
Garzeit:
  2 Std. 30 Min.
Für 6 Personen

Füllung
1 1/2 EL Puddingpulver mit
  Vanillegeschmack
125 ml Milch
1 EL Zucker
90 g saure
  Sahne

180 g Butter
125 g feiner Zucker
2 Eier
155 g Mehl
1 gehäufter TL
  Backpulver
30 g Puddingpulver mit
  Vanillegeschmack
45 g Mandeln,
  gemahlen
250 ml Sahne
4 grüne Äpfel
2 EL Zucker
Puderzucker,
  zum Bestäuben

1 Für die Füllung: Das Puddingpulver und etwas Milch in einer Schüssel zu einer glatten Mischung verrühren. Restliche Milch zugeben und mischen. In einen Topf geben, Zucker und Sahne zugeben. Bei mittlerer Hitze verrühren, bis die Mischung eindickt und kocht. Vom Herd nehmen; Oberfläche mit Frischhaltefolie bedecken, damit sich keine Haut bildet.

2 Den Backofen auf 180 °C vorheizen. Butter und Zucker cremig schlagen. Die Eier einzeln zugeben und die Mischung nach jedem Ei gut verrühren. Gesiebtes Mehl mit Backpulver vermischen und mit Vanillepuddingpulver und gemahlenen Mandeln im Wechsel mit der Sahne unterrühren.

3 Die Hälfte der Mischung in eine feuerfeste Auflaufform geben. Die Füllung darüber verteilen. Mit der restlichen Puddingmischung bedecken. Da die Mischung recht fest ist, auf die Mitte der Füllung geben und mit der Rückseite eines Löffels vorsichtig verstreichen. 40–45 Minuten backen, bis sich der Pudding fest anfühlt.

4 In der Zwischenzeit die Äpfel schälen, entkernen, in dünne Scheiben schneiden und mit Zucker und 2 EL Wasser in einem Topf zum Kochen bringen, Hitze verringern und abgedeckt 10 Minuten köcheln lassen, bis die Äpfel weich sind. Pudding in der Form servieren, dazu heiße geschmorte Äpfel reichen.

Ricotta-Pudding mit Erdbeer-Ahornsirup-Sauce

Zubereitungszeit:
  30 Min.
Garzeit:
  1 Std.
Für 6–8 Personen

500 g frischer Ricotta
180 g feiner Zucker
3 Eier
3 TL abgeriebene
  Zitronenschale
180 g Mehl
1 1/2 TL Backpulver
60 ml Zitronensaft

Erdbeer-Ahornsirup-Sauce
250 ml Ahornsirup
150 g Erdbeeren, in
  Scheiben

1 Ofen auf 180 °C vorheizen. Eine quadratische Backform (20x20 cm) mit zerlassener Butter oder Öl einfetten; Boden mit Backpapier auslegen.
2 Ricotta und Zucker mit dem elektrischen Handrührgerät glatt rühren. Eier einzeln zugeben, nach jedem Ei gut verrühren. Zitronenschale zugeben und gut mischen. Mit Backpulver vermischtes Mehl und Zitronensaft unterrühren; Mischung in die Form geben; 55 Minuten backen. Ein in die Mitte

Auflauf mit geschmorten Äpfeln (oben)
und Ricotta-Pudding mit Erdbeer-Ahornsirup-Sauce

gestecktes Stäbchen sollte mit feuchten Krümeln herausgezogen werden, sonst ist der Pudding zu trocken. 10 Minuten in der Form ruhen lassen,

stürzen. Mit Puderzucker bestäuben. In Quadraten auf Dessertteller geben.
3 Für die Erdbeer-Ahornsirup-Sauce: Den Ahornsirup bei geringer

Hitze in einen Topf geben, Erdbeeren zugeben und erwärmen. Den Sirup und die Erdbeeren über den Pudding verteilen.

49

Bataten-Pudding mit Orangencreme

Zubereitungszeit:
35 Min.
Garzeit:
1 Std. 35 Min.
Für 6 Personen

250 g Mehl
2 TL Backpulver
1 TL Muskat,
   gemahlen
125 g Butter
165 g brauner
   Zucker
2 Eier, leicht
   verquirlt
60 ml Sahne
250 g Bataten
   (Süßkartoffeln),
   gekocht und
   zerstampft
   (s. Hinweis)

Orangencreme
300 g saure
   Sahne
2 EL brauner
   Zucker
1 EL Grand
   Marnier

1 Eine Puddingform
(Fassungsvermögen 2 l)
leicht mit zerlassener
Butter oder Öl einfetten,
Boden mit Backpapier
auslegen. Ein großes
Stück Alufolie mit zer-
lassener Butter oder Öl
einfetten. Ein Stück
Backpapier auf die einge-
fettete Seite legen. Backpapier und Alufolie in
der Mitte falten.
2 Mit Backpulver
vermischtes Mehl und
Muskatnuß in eine große
Schüssel sieben. Butter
und Zucker in eine klei-
ne Schüssel geben und
bei geringer Hitze ver-
rühren, bis die Butter
ganz zerlassen und der
Zucker vollständig aufge-
löst ist. Vom Herd neh-
men und etwas abkühlen
lassen. Buttermischung,
Eier und Sahne zu der
Mehlmischung geben
und mit einem Holzlöffel
rühren, bis alles gut vermengt ist. Kalte Bataten
einrühren. Vorsicht:
nicht zu lange schlagen,
sonst wird der Pudding
zäh.
3 Mischung in die vorbereitete Form geben und
Oberfläche glätten. Zu-
nächst mit dem eingefet-
teten Backpapier, dann
mit der Alufolie be-
decken. Den Deckel über
der Folie verschließen.
Falls kein Deckel vor-
handen ist, ein Geschirr-
tuch über die Folie le-
gen; mit einer Schnur
am Schüsselrand befesti-
gen und die Enden zu
einer Griffschlaufe ver-
knoten; damit kann die
Form in den Topf gestellt
werden.

4 Die Puddingform auf
einen Dreifuß oder eine
umgedrehte Untertasse
in einen großen, tiefen
Topf stellen. Den Topf
entlang der Seitenwände
vorsichtig mit kochen-
dem Wasser auffüllen, so
daß die Form zur Hälfte
im Wasser steht. Zum
Kochen bringen, Hitze
etwas verringern und
abgedeckt 1 1/2 Stunden
köcheln lassen, bis ein
in die Mitte gestecktes
Stäbchen sauber bleibt.
Wenn nötig, mehr
kochendes Wasser zuge-
ben; nicht trocken ste-
hen lassen.
**5 Für die Orangen-
creme:** Saure Sahne,
Zucker und Grand Mar-
nier in eine Schüssel
geben und gut vermi-
schen. Bataten-Pudding
sofort mit einem Löffel
Orangencreme servie-
ren.

Hinweis: Für dieses
Rezept brauchen Sie ca.
375 g rohe Bataten. Die
Süßkartoffeln vor dem
Zerstampfen gut abtrop-
fen lassen.

TIP
Die Bataten können
Sie durch Kürbisse
ersetzen. Butternuß-
kürbisse sind beson-
ders lecker, aber es
eignet sich jede Sorte.

Bataten-Pudding mit Orangencreme

1 Mit einem breiten Messer den größten Teil der Sahne untermischen.

2 Über den Teig 2 EL Passionsfruchtfleisch verteilen.

Orangen-Passionsfrucht-Pudding

Zubereitungszeit:
 35 Min.
Kühlzeit:
 20 Min.
Garzeit:
 55 Min.
Für 6 Personen

375 g Mehl
1 1/2 TL Backpulver
1 Prise Salz
200 g Butter,
 gekühlt und gehackt
45 g Kokosraspel
300 ml Sahne
160 g Orangenmarmelade
2 EL Passionsfruchtfleisch

Passionsfruchtsirup
125 ml Orangensaft
180 g feiner Zucker
60 g Passionsfrucht-
 fleisch

1 Mehl, Backpulver und Salz in eine Schüssel sieben. Die Butter mit den Fingerspitzen unterkneten, bis der Teig fein und krümelig ist. Kokosraspel einrühren. Den Großteil der Sahne mit einem breiten Messer hineinrühren. Nach Wunsch auch die restliche Sahne zugeben. Um einen weichen Teig zu erhalten, alles gut verkneten. Zwischen 2 Stück Backpapier ausrollen, so daß ein Rechteck (25 x 40 cm) entsteht.

2 Die Marmelade auf dem Teig verteilen und das Passionsfruchtfleisch darüber verteilen. Längsseite wie eine Biskuitrolle aufrollen. 20 Minuten in den Kühlschrank stellen, bis sie fest ist.

3 Backofen auf 180 °C vorheizen. Eine tiefe, runde Kuchenform

(Durchmesser 20 cm) mit zerlassener Butter oder Öl einfetten und den Boden mit Backpapier auslegen. Rolle in 2 cm dicke Scheiben schneiden; die Hälfte auf dem Boden der Form verteilen. Eine zweite Schicht über die Lücken setzen, wo die unteren Scheiben aneinanderstoßen. Form auf ein Backblech setzen.

4 **Für den Passionsfruchtsirup:** Orangensaft, Zucker, Passionsfruchtfleisch und 60 ml Wasser in einen Topf geben. Bei geringer Hitze verrühren, nicht kochen, bis der Zucker sich aufgelöst hat. Zum Kochen bringen. Den Sirup über den Pudding schöpfen. 50 Minuten backen, bis ein Stäbchen sauber wieder herausgezogen werden kann. 15 Minuten ruhen lassen, dann auf einen Kuchenteller stürzen.

Orangen-Passionsfrucht-Pudding

3 Aufgerollten Teig in 2 cm dicke Scheiben schneiden.

4 Passionsfruchtsirup über den Pudding schöpfen.

Birnen-Apfel-Pudding

Zubereitungszeit:
40 Min.
Garzeit:
1 Std. 50 Min.
Für 6–8 Personen

1 Birne,
  fest aber reif
1 grüner Apfel
120 g Butter
45 g brauner Zucker
125 g feiner Zucker
2 Eier, leicht
  verquirlt
5 Tropfen
  Vanillearoma
180 g Mehl
1 1/2 TL Backpulver
80 ml Buttermilch

Vanillecreme
375 ml Milch
3 Eigelb
60 g feiner
  Zucker
2 TL Stärke
2 Tropfen
  Vanillearoma

1 Eine Puddingform
(Fassungsvermögen 2 l)
mit zerlassener Butter
oder Öl einfetten;
Boden mit Backpapier
auslegen. Ein großes
Stück Alufolie mit zer-
lassener Butter oder Öl
einfetten. Ein Stück
Backpapier auf die ein-
gefettete Seite legen. In
der Mitte falten.

2 Birne und Apfel
schälen, entkernen und
in Scheiben schneiden.
30 g der Butter und brau-
nen Zucker in eine Brat-
pfanne geben; bei mittle-
rer Hitze verrühren, bis
der Zucker sich aufgelöst
hat. Birnen- und Apfel-
scheiben zugeben und
Temperatur auf mittlere
Hitze erhöhen. 5 Minu-
ten unter gelegentlichem
Rühren kochen, bis die
Früchte goldbraun sind.
Früchte-Butter-Mi-
schung in die vorbereite-
te Form geben.
3 Restliche Butter und
Zucker mit dem elektri-
schen Handrührgerät
cremig schlagen. Eier
einzeln zugeben, nach
jedem Ei gut verrühren.
Vanillearoma einrühren.
Gesiebtes Mehl mit
Backpulver vermischen
und abwechselnd mit
Buttermilch unter-
rühren, bis alles ver-
mischt ist.
4 Mischung in die Form
geben. Zunächst mit ein-
gefettetem Backpapier,
dann mit Alufolie be-
decken. Deckel über der
Folie schließen. Falls kein
Deckel vorhanden ist,
ein Geschirrtuch über
die Folie legen, mit einer
Schnur am Rand befesti-
gen und die Enden zu
einer Griffschlaufe ver-
knoten; damit kann die
Form in den Topf gestellt

werden. Schüssel auf
einen Dreifuß oder eine
umgedrehte Untertasse
in einen großen, tiefen
Topf stellen.
5 Den Topf entlang der
Seitenwände mit ko-
chendem Wasser auf-
füllen, so daß die Form
zur Hälfte im Wasser
steht. Zum Kochen
bringen, Hitze etwas
verringern und abge-
deckt 1 1/2 Stunden
köcheln lassen, bis ein
in die Mitte gestecktes
Stäbchen sauber bleibt.
Wenn nötig, mehr ko-
chendes Wasser zuge-
ben; nicht trocken ste-
hen lassen. Stürzen und
mit Vanillecreme ser-
vieren.
**6 Für die Vanille-
creme:** Milch in einen
Topf geben, zum
Kochen bringen und
vom Herd nehmen.
Eigelb, Zucker und
Stärke mit einem
Metallschneebesen in
einer Schüssel cremig
schlagen, bis sie ein-
dickt. Nach und nach
Milch einrühren.
Mischung in einen sau-
beren Topf geben und
bei geringer Hitze 15
Minuten verrühren, bis
die Creme eindickt.
Vanille einrühren. In
einen Krug gießen; mit
einem Stück Backpa-
pier abdecken, damit
sich keine Haut bildet.

Birnen-Apfel-Pudding

Ananas-Butterscotch-Pudding mit Joghurtcreme

Zubereitungszeit:
40 Min.
Garzeit:
50 Min.
Für 6–8 Personen

Butterscotch-Mischung
60 g Butter
100 g brauner Zucker
1 Dose (440 g) Ananasringe, abgetropft

Puddingteig
180 g Butter
125 g feiner Zucker
5 Tropfen Vanillearoma
3 Eier´
250 g Mehl
2 TL Backpulver

Joghurtcreme
250 ml Sahne
1 EL brauner Zucker
200 ml Naturjoghurt

1 Ofen auf 180 °C vorheizen. Eine gerippte Springform (Fassungsvermögen 2 l) leicht mit zerlassener Butter oder Öl einfetten. Ein großes Stück Alufolie mit zerlassener Butter oder Öl einfetten. Ein Stück Backpapier auf die eingefettete Seite legen. In der Mitte falten.

2 Für die Butterscotch-Mischung: Butter mit dem elektrischen Handrührgerät 5–7 Minuten verrühren, bis sie hell ist. Braunen Zucker zugeben; weitere 2 Minuten rühren, bis sie dick und cremig ist. Mischung mit einem Spatel vorsichtig auf den Boden und ca. 2 cm hoch in die Form geben. Abgetropfte Ananasringe in Abständen auf die Mischung legen. Sie brauchen 5 Ringe.

3 Für den Puddingteig: Butter, Zucker und Vanillearoma mit dem elektrischen Handrührgerät 5–6 Minuten cremig schlagen. Eier einzeln zugeben, nach jedem Ei gut verrühren. Gesiebtes Mehl mit Backpulver vermischen und mit einem großen Metalllöffel in 3 Portionen unterrühren.

4 Mischung in die vorbereitete Form geben und Oberfläche glätten; darauf achten, daß die Ananasringe nicht verrutschen. Zunächst mit eingefettetem Backpapier, dann mit Alufolie bedecken. Mit einer Schnur befestigen. Form in eine große Auflaufform setzen und mit heißem Wasser füllen, so daß die Springform zur Hälfte im Wasser steht. 50 Minuten backen, bis ein in die Mitte gestecktes Stäbchen sauber bleibt. 5 Minuten in der Springform ruhen lassen und auf einen Kuchenteller stürzen. Pudding heiß mit Joghurtcreme und nach Belieben mit Erdbeeren servieren.

5 Für die Joghurtcreme: Sahne und braunen Zucker schlagen, bis die Mischung fest wird; Joghurt unterrühren. Abdecken und bis zum Servieren kühl stellen. Joghurtcreme kann einige Stunden vor dem Verzehr zubereitet werden. Sie wird während der Kühlzeit etwas dicker werden.

TIP
Um den braunen Zucker weicher zu machen, auf einen mikrowellengeeigneten Teller streuen, eine Scheibe Weißbrot oder eine Apfelspalte dazu legen und auf höchster Stufe in der Mikrowelle 30 Sekunden erhitzen.

Ananas-Butterscotch-Pudding mit Joghurtcreme

Süßer Schokoladen-Nuß-Pudding mit Schokoladen-Likör-Sauce

Zubereitungszeit:
45 Min.
Garzeit:
55 Min.
Für 6 Personen

100 g dunkle
Schokolade,
in Stückchen
gehackt
100 g weiche
Butter
4 Eier,
getrennt
90 g feiner
Zucker
35 g Haselnüsse,
gemahlen
40 g Semmelbrösel
60 g Mehl
60 g geröstete
Haselnüsse,
gehäutet und
gehackt
Crème double,
zum Garnieren

Schokoladen-Likör-Sauce
200 g dunkle
Schokolade,
in Stückchen
gehackt
250 ml Sahne
1–2 EL Likör
(siehe Hinweis)

1 6 feuerfeste Backförmchen (aus Metall oder Keramik, Fassungsvermögen 250 ml) leicht mit zerlassener Butter oder Öl einfetten. Böden mit Backpapier auslegen. 6 kleine Stücke Alufolie mit zerlassener Butter oder Öl einfetten. Je ein kleines Stück Backpapier auf die eingefettete Seite legen und in der Mitte falten.

2 Schokolade in eine feuerfeste Schüssel geben und bei 150 °C 5 Minuten im Ofen erhitzen, bis sie weich, aber nicht heiß oder geschmolzen ist. Schokolade herausnehmen und Temperatur auf 180 °C erhöhen.

3 Butter mit dem elektrischen Handrührgerät 1–2 Minuten cremig schlagen. Weiche Schokolade, Eigelb und die Hälfte des Zuckers zufügen. Gemahlene Haselnüsse, Semmelbrösel und gesiebtes Mehl mit einem großen Metallöffel unterrühren.

4 Eiweiß in einer sauberen Schüssel mit dem elektrischen Handrührgerät schlagen, bis es fest ist. Restlichen Zucker zugeben und eine weitere Minute verrühren. Einen großen Löffel des geschlagenen Eiweißes in die Schokoladenmischung rühren, das macht sie weicher und heller, dann vorsichtig

das restliche Eiweiß unterrühren, bis alles vermischt ist. Nicht zu lange rühren, sonst geht das Volumen des Eiweißes verloren.

5 Mischung gleichmäßig auf die Förmchen verteilen und die Oberflächen glätten. Jedes Förmchen zunächst mit eingefettetem Backpapier, dann mit Alufolie bedecken. Mit einer Schnur festbinden. Förmchen in eine große Auflaufform setzen, vorsichtig mit heißem Wasser füllen, so daß die Förmchen zur Hälfte im Wasser stehen. 40 Minuten backen, bis ein in die Mitte gestecktes Stäbchen sauber bleibt. Pudding in den Förmchen 5 Minuten stehen lassen, dann auf 6 Kuchenteller geben. Warm mit Schokoladen-Likör-Sauce, gehackten Haselnüssen und Crème double servieren.

6 Für die Schokoladen-Likör-Sauce: Schokolade und Sahne in einen kleinen Topf geben. Bei geringer Hitze verrühren, bis die Schokolade vollständig geschmolzen und die Mischung glatt ist. Anschließend je nach Geschmack Likör zugeben.

Hinweis: Für die Schokoladen-Likör-Sauce kann jeder Likör oder Weinbrand Ihrer Wahl

Süßer Schokoladen-Nuß-Pudding mit Schokoladen-Likör-Sauce

verwendet werden, z. B. Tia Maria, Kahlua oder Frangelico. Für das Rösten der Haselnüsse den Backofen auf Grillfunktion stellen, vorheizen und bei mäßiger Hitze 3–4 Minuten rösten, bis sie leicht gebräunt sind. Achten Sie darauf, daß sie nicht anbrennen. Dann die Haselnüsse in ein sauberes Geschirrtuch wickeln und die Haut abreiben.

Birnen-Mandel-Pudding

Zubereitungszeit:
20 Min.
Garzeit:
1 Std. 50 Min.
Für 6 Personen

100 g weiche
   Butter
160 g feiner Zucker
3 Eier
2 reife Birnen
3 EL Mandeln, gemahlen
155 g Mehl
1 gehäufter TL Backpulver
1 EL Amaretto
1 EL Mandeln, gehobelt
Mandeln, gehobelt und
   geröstet
Erdbeeren,
   zum Garnieren

Mandelcreme
4 Eigelb
60 g feiner
   Zucker
1 TL Stärke
375 ml Milch
125 ml Sahne
Mandelaroma,
   nach Geschmack

1 Eine Puddingform (Fassungsvermögen 1 l) leicht mit zerlassener Butter oder Öl einfetten und den Boden der Form mit Backpapier auslegen. Ein großes Stück Alufolie mit zerlassener Butter oder Öl einfetten. Ein Stück Backpapier auf die eingefettete Seite legen. Alufolie und Backpapier in der Mitte falten. **2** Butter und Zucker mit dem elektrischen Handrührgerät verrühren. Eier einzeln zugeben und die Mischung nach jeder Zugabe gut verrühren. Birnen schälen, entkernen und grob raspeln. Zusammen mit den Mandeln in die Mischung einrühren. Mehl mit Backpulver vermischen, zugeben und langsam Amaretto und gehobelte Mandeln unterrühren, bis alles vermischt ist. **3** Mischung in die vorbereitete Form geben und mit Folie und Papier abdecken. Deckel über der Folie verschließen. Falls kein Deckel vorhanden ist, ein Geschirrtuch über die Folie legen, mit einer Schnur am Rand der Schüssel festbinden und die Enden miteinander verknoten; damit kann die Schüssel in den Topf gestellt werden. **4** Schüssel auf einen Dreifuß oder eine umgedrehte Untertasse in einen großen, tiefen Topf stellen. Mit kochendem Wasser füllen, so daß die Form zur Hälfte im Wasser steht. Zum Kochen bringen,

Hitze etwas reduzieren, abdecken und 1 Stunde 40 Minuten garen lassen, bis ein in die Mitte gestecktes Stäbchen sauber herausgezogen werden kann. Wenn nötig, mehr Wasser zugeben; Topf nicht trocken stehen lassen. **5** Pudding an den Seiten vorsichtig mit einem Messer ablösen, dann aus der Schüssel nehmen und auf eine Kuchenplatte stürzen. Mit Mandelcreme, gehobelten Mandeln und Erdbeeren servieren. **6 Für die Mandelcreme:** Eigelbe, Zucker und Stärke 2 Minuten schlagen, bis sie cremig sind. Milch und Sahne in einen Topf geben und langsam erhitzen, bis die Mischung den Siedepunkt erreicht. Heiße Milch-Sahne-Mischung unter ständigem Rühren langsam über verquirlte Eigelbe und Zucker gießen. Mischung in einen sauberen Topf geben und bei geringer Hitze verrühren, bis sie eindickt und den Rücken eines Metallöffels bedeckt. Mit ein paar Tropfen Mandelaroma abschmecken. Mandelcreme nicht zum Kochen bringen, sonst gerinnt sie.

Birnen-Mandel-Pudding

Schokoladen-Haselnuß-Pudding mit Marsala-Mascarpone-Creme

Zubereitungszeit:
15 Min.
Garzeit:
1 Std. 45 Min.
Für 6 Personen

100 g Butter
90 g feiner Zucker
2 EL Marsala
4 Eier, getrennt
125 g dunkle
Schokolade, geschmolzen
und etwas abgekühlt
60 g Mehl
80 g Haselnüsse,
gemahlen
40 g altbackene
Semmelbrösel
60 g feiner Zucker,
zusätzlich

Marsala-Mascarpone-Creme
250 g Mascarpone
2 EL Marsala
150 g Schokolade,
geschmolzen und etwas
abgekühlt

1 Eine Puddingform (Fassungsvermögen 1,5 l) leicht mit zerlassener Butter oder Öl einfetten und den Boden mit Backpapier auslegen. Ein großes Stück Alufolie mit zerlassener Butter oder Öl einfetten; ein großes Stück Backpapier auf die eingefettete Seite legen. In der Mitte falten.

2 Butter, Zucker und Marsala in einer Schüssel mit dem elektrischen Handrührgerät cremig schlagen. Eigelbe einzeln zugeben, nach jeder Zugabe gut mischen. Schokolade zugeben. Mit einem Metallöffel Mehl, Nüsse und Semmelbrösel unterrühren.

3 Eiweiß in einer sauberen Schüssel schlagen, bis es fest ist. Zusätzlichen Zucker nach und nach teelöffelweise zugeben. Schlagen, bis die Mischung dick und glänzend und der Zucker aufgelöst ist. Mit einem großen Metallöffel vorsichtig die Eiweißmischung in 2 Portionen unter die Schokoladenmischung rühren, bis die Mischungen vermengt sind.

4 Mischung in die Puddingform geben und zunächst mit eingefettetem Backpapier, dann mit Alufolie bedecken. Mit dem Deckel verschließen. Falls kein Deckel vorhanden ist, ein Geschirrtuch über die Folie legen, mit einer Schnur am Schüsselrand befestigen und die Enden zu einer Griffschlaufe verknoten; damit kann die Form in den Topf gestellt werden.

5 Form auf einen Dreifuß oder eine umgedrehte Untertasse in einen großen, tiefen Topf stellen. Mit kochendem Wasser füllen, so daß die Form zur Hälfte im Wasser steht. Zum Kochen bringen, Hitze etwas verringern und abgedeckt 1 Stunde und 45 Minuten garen lassen, bis ein in die Mitte des Puddings gestecktes Stäbchen sauber bleibt. Pudding 5 Minuten stehen lassen und auf eine Kuchenplatte stürzen. Warm mit Marsala-Mascarpone-Creme servieren.

6 Für die Marsala-Mascarpone-Creme: Mascarpone mit einem Löffel oder Schneebesen weich rühren und nach und nach Marsala und Schokolade einrühren.

Hinweis: Mascarpone sollte möglichst Zimmertemperatur haben, wenn die Schokolade eingerührt wird: dies verhindert, daß die Schokolade zu schnell fest wird.

Schokoladen-Haselnuß-Pudding mit Marsala-Mascarpone-Creme

Register